大家小小书
篆刻　程方平

中国历史小丛书

新编历史小丛书

新编历史小丛书

祖冲之

杜石然 著

北京出版集团
北京人民出版社

目　录

祖冲之①

一

祖冲之（429—500）是我国南北朝时代南朝的杰出科学家。

从年轻时起，祖冲之就对天文学和数学发生了浓厚的兴趣。他在自己的著作中提到，他从小就“专攻数术，搜炼古今”。他很注意搜集自古以来的观测记录和有关文献，但是决不“虚推古人”，决不把自己束缚在典籍文献之中。他研究问题，总要亲自做精密的测量和仔细的推算，正像他自己所说的那样，每每“亲量圭尺，躬察仪漏，目尽毫厘，心穷筹策”。他能批判地接受前人的科学遗产，利用其中一切有用的东西，并且经过勤勉的实际工作和实际考核，敢于怀疑前人的陈腐学说，敢于推翻前人的错误结论，表现了古今杰出科学家所共有的刻苦钻研、坚持真理的精神。

祖冲之在青年时代，就对刘歆、张衡、郑玄、阚泽、王蕃、刘徽等人的学术成果做了仔细的研究，校正了其中的某些错误，取得了许多极有价值的研究成果。在这些成果中，准确到小数点后7位数字的圆周率就是著名的例子。

他坚持这种严谨的治学态度，对过去的科学家的工作反复考核，就是对他的前辈，著名的天文学家何承天，也不曾放过。经过大量的实际观测，他发现了何承天所作的为当时刘宋王朝所用的历法有许多错误。于是，他着手编制新的历法——《大明历》，对历法的编制做出了很多创造性的贡献。新的历法是那个时代最好的历法，当时，他才三十几岁，就已经攀登了那个时代的科学高峰。

大明六年（462），他上表给刘宋王朝的皇帝刘骏，请下令讨论新的历法，予以颁行。但是遭到皇帝宠幸的戴法兴[2]的反对。朝中百官惧怕戴的权势，也随声附和。祖冲之勇敢地进行了辩论，写出了一篇非常有名的《驳议》。这篇理直气壮、词句铿锵的驳议，充分显示了他敢于坚持真理的可贵品质。在这里他写下了两句非常有名的话：“愿闻显据，以核理实”；“浮辞虚贬，窃非所惧”。为了辨明是非，他愿意彼此拿出明显的证据来互相讨论，至于那些捕风捉影的无根据的贬斥，他也丝毫不惧怕。

这场辩论，反映了科学与反科学、进步与保守两种势力的斗争。见解保守的戴法兴认为，历法中传统因循下来的方法是“古人制章”“万世不易”的，责骂祖冲之是什么“诬天背经”，认为天文历法“非凡夫所测”，“恐非冲之浅虑，妄可穿凿”。祖冲之大不以为然。他反驳说，不应该“信古疑今”，日月五星的运行“非出神怪，有形可检，有数可推”，只要精密观测，细心研究，那么，它们的运行规律是可以认识的。

在旧时代，科学上的每一个进步都是在跟保守势力进行尖锐斗争中获得的。祖冲之为我们树立了榜样。

《大明历》经过了宋、齐两朝，直到梁天监九年（510），由于祖冲之的儿子祖暅之[3]再三地坚决请求，又经过实际天象的校验，才得以正式颁行。但是这已经是祖冲之死后10年的事了。

祖冲之在数学上突出的成就，是关于圆周率的计算。据现有材料看，直至15世纪，中亚细亚的数学家阿尔·卡西才把圆周率推算到17位数字。这时，祖冲之已经去世将近1000年了。

二

祖冲之在天文历法方面的成就，大都包括在他所编写的《大明历》以及那篇有名的《驳议》之中。按祖冲之自述，他把《大明历》中创造性成果归纳为“改易之意有二，设法之情有三”[④]。所谓“改易”是指闰周的改革和对岁差的考虑；所谓“设法”则都是和推算“上元积年”有关。

从中国天文历法发展史的角度来看，他最主要的成就，当以在历法的计算中考虑岁差的影响为首。

我国古代的天文学家们开始时认为：太阳在黄道上从冬至点开始，每经过一个回归年的运行（太阳的视运动），又回到原来的冬至点。即开始时认为：冬至点在黄道上的位置是固定的。但是，后来逐渐认识到太阳并不回到它一年前的起点，距原来的起点还差一段微小的距离。这也就是说，冬至点每年都要逐渐地向后（即向西）移动。根据现代的观测，每年大约沿黄道后移50.2秒，赤经岁差约为78年1个月后移1度（按古代1周天＝$365\frac{1}{4}$度计算，约为76年后移1度）。这就是岁差现象。它是由太阳、月亮和其他行星对地球赤道突出部分的引力使地球自转轴产生进动所引起的。

黄道上冬至点的位置，对中国古代历法的编制十分重要，自然也就非常重视对冬至点准确位置的观测。汉代以后的各家历法，逐渐发现冬至点的变化并且记载有各自的数据。例如邓平、落下闳所编《太初历》虽仍以为“冬至日在牵牛初”[5]，而编䜣、李梵、贾逵等人所编《后汉四分历》（85年开始颁用）中的数据：冬至时“日所在……斗二十一度四分一”，即在斗二十一度又四分之一度[6]。魏晋以后，观测日趋细密，并且对岁差现象理论意义的探讨也前进了一大步。首先值得指出的乃是虞喜关于岁差的讨论。按唐一行《大衍历议》的记载：“古历日有常度，天周为岁终……其说似是而非，故久而益差。

虞喜觉之，使天为天，岁为岁，乃立差以追其变，使五十年退一度。”⑦虞喜指出了以回归年日数为周天度数的不妥，主张“天为天，岁为岁”并给出了50年退行1度的赤经岁差数值。根据虞喜的贡献，清代阮元等人编纂《畴人传》时曾评论说“古无岁差之说，有之，自喜始”⑧，他们把首创之功归于虞喜是有一定道理的。另一位晋代天文学家姜岌以“月蚀检日”，测定“冬至在斗十七”⑨。南北朝时代的天文学家、祖冲之之前的天文学先行者、刘宋《元嘉历》的编纂人何承天，以远古《尧典》的记载和当时实测相对照，认为“尔来二千七百余年，以中星检之，所差二十七八度”，从而人们以为何承天所用赤经岁差数值大约是100年退行1度[10]。

祖冲之总结了前人的成果，在《上大明历表》中，在列举了历代天文学家所测冬至点数据之后说：“旧法并令冬至日有定处，天数既差，则七曜宿度渐与历舛，乖谬既著，辄应改制，仅合一时，莫能通远，迁革不已，又由此条。今令冬至所在，岁岁微差，却检汉注，并皆审密，将来久用，无烦屡改。”他自认为这是对编制历法的一项重大改革。汉魏以来的天文学家虽已发现岁差现象，但仍“令冬至日有定处”，而祖冲之则“令冬至所在，岁岁微差”。把对岁差的考虑真正引入到编制历法的计算中来，在中国古代天文学家之中，他确实是第一位。其首创之功，不可没也。

祖冲之给出的赤经岁差数据是45年11个月退行1度⑪，祖冲之测得冬至点是在“斗十五”，和晋人姜岌的数据相比并考虑到前人的其他数据“通而计之，未盈百载，所差二度”。《大明历》中回归年日数为$365\frac{9\,589}{39\,491}=\frac{14\,423\,804}{39\,491}$，而《大明历》给出的周天则为14 424 664，以39 491（纪法）除之，再与回归年相比，可知祖冲之的岁差是$\frac{860}{39\,491}$度。这一数据与45年11个月退行1度极为相近⑫。

虽然祖冲之采用的岁差数据仍嫌大了一些，但他首先在历法计算中考虑到岁差的影响，使太阳冬至时在黄道上位置不是固定不变而是逐年后移。这在中国历法史上可以说是一次重大的改进。

祖冲之《大明历》的第二项重大改革是关于闰周的改革。

早在公元前500年左右，中国古代天文学家便采用了19年7闰的闰周。这个置闰周期虽然能够将回归年和朔望月的日数之间产生的矛盾调和得比较好，但闰数仍嫌稍大。尽管东汉末年以来的天文观测日趋精密，但天文学家们却总是墨守着这一置闰周期，长期打不破这条陈腐的锁链。

第一个冲破这条锁链的是南北朝时期北凉的赵歐，他提出了600年间置入221个闰月的新闰周。赵歐是在他编制的《元始历》（修成于412年）中采用这一新数据的。刘宋元嘉十四年（437）北凉遣使奉表献方物，同时还带来了一些书籍，其中包括赵歐的《元始历》。[13]但是在元嘉二十年（443）编成的何承天《元嘉历》中，却未能接受赵歐改革闰周的思想。

祖冲之在其所编《大明历》中，不但大胆地敢于对闰周进行改革，并且提出了比较好的391年添入144个闰月的新数据。直到唐代初年中国天文学家不再讨论闰周时止，祖冲之的闰周在诸家历法中是最好的[14]。祖冲之在《大明历》中给出的回归年长度是365.242 814 81日，直到宋代杨忠辅所编《统天历》（所给出的回归年长度为365.242 5日）止，在历代各家历法中，祖冲之的回归

诸家历法的闰周和每年月数

历法名称	闰周		每年月数
古历	19年	7闰	12.368 421 05
北凉赵歐《元始历》	600	221	12.368 333 33
刘宋祖冲之《大明历》	391	144	12.368 286 44
北魏张龙祥等《正光历》	505	186	12.368 316 83
东魏李兴业等《兴和历》	562	207	12.368 327 4
东魏李兴业等《九宫历》	505	186	12.368 316 83
梁虞喜《大同历》	619	228	12.368 336 02
北齐宋景业《天保历》	676	249	12.368 343 19
北周甄鸾《天和历》	391	144	12.368 286 44
北齐董峻等《甲寅元历》	657	242	12.368 340 94
北齐刘孝孙历	619	228	12.368 336 02
北齐张孟宾历	619	228	12.368 336 02
北周马显等《大象历》	448	165	12.368 303 57
隋张宾等《开皇历》	429	158	12.368 298 36
隋刘焯《皇极历》	676	249	12.368 343 19
隋张胄玄《大业历》	410	151	12.368 292 86
唐傅仁均等《戊寅元历》	676	249	12.368 343 19

年数据也是最好的[15]。由于回归年日数和闰周都比较精确，故而《大明历》中朔望月的日数——29.530 591 5日，也很精确（误差仅为0.000 005 6日，即每月累计约多出0.485秒）。直到宋代的《明天历》、《奉元历》和《纪元历》等等，才有更好的朔望月日数数值出现[16]。

除开“闰周”和“岁差”这两项“改易”之外，按祖冲之的自述，《大明历》还有3项新的“设法”。这3项“设法”都是与上元积年有关的。为了计算上的方便，中国古代天文学家大都首先计算出一个若干年前的理想的历元，其他计算便可以从这个历元次序推算。这个理想的历元被称为“上元”，由“上元”到编制历法这一年为止累计的年数被称为“上元积年”。中国天文学家对“上元”的考虑比较早。例如汉初《太初历》就提出以元封七年（前104）十一月甲子日朔旦冬至为“上元”，后来的历法还要把五星也考虑进去以做到“日月合璧”“五星连珠”。

祖冲之的新法：第一，这个历元时刻的冬至点应在北方虚宿初度，即“子为辰首，位在北方……虚为北方……元年肇初，宜在此次……今历上元日度，发自虚一”；第二，历元这一年也应是甲子年，即“日辰之号，甲子为先，历法设元，岁在甲子”；第三，除日月五星之外，月亮的近地点和黄白道的一个交点也应同时聚集在历元之时，即“日月五纬，交会迟疾，悉以上元岁首为始”。[17]

按《大明历》正文记载，关于历元的要求就是“上元之岁，岁在甲子，天正甲子朔夜半冬至，日月五星聚于虚度之初，阴阳迟疾并自此始”[18]，即要求上元之年一定要在甲子年，此年的十一月初一也需为甲子日，而且此日的夜半刚好是朔和冬至节，此时的日、月（包括月亮的近地点、黄白道的一个交点）、五星又都在北方虚宿初度。

由于推算“上元积年”时必须考虑的日、月、五星等的运动周期大都是比较复杂的分数，而天文观测的精确程度在很大程度上又受到时代的局限，所以这种“上元积年”的推算在历法编制方面和推动天文学进步方面，实际意义并不太大。相对来讲，它在数学上，即其推算方法在数学方面的意义可能要更大一些。

如上已述，祖冲之的《大明历》遭到了皇帝宠幸人物戴法兴的反对。戴法兴的反对意见共有6条，都是针对岁差、闰周和“上元积年”的推算的。关于岁差，戴法兴认为“日有恒度”，经久而“终无毫忒”，如依祖冲之所说，则《诗》《书》等古代经典关于天象的描述将混乱不堪。因此他说祖冲之是“诬天背经”。关于闰周，戴法兴认为“古人制章，立为中格，年积十九常有七闰，晷或盈虚，此不可革”。他指责祖冲之“削章坏闰”，还说“恐非冲之浅虑，妄可穿凿”。

祖冲之不畏权势，对戴法兴所提意见逐条进行驳议。祖冲之根据实际天文观测，几次利用月食来推算太阳视运动的准确位置，理直气壮地指出岁差现象确实存在。祖冲之说：“天数渐差，则当式遵以为典，事验昭晰，岂得信古而疑今？”关于闰周，祖冲之应用精密测定冬至点的方法详细论证了19年7闰的古法“其疏尤甚”，他说“古法虽疏，永当循用，谬论诚立……理容然乎？”这个反问是很有力量的。祖冲之还说：日月五星的运行“非出神怪，有形可检，有数可推”，只要精心观测并以历代记录来相互校验，“孟子以为千岁之日至可坐而知，斯言实矣”。

祖冲之在辩论中还反对东汉以来流行的谶纬迷信之说。他说：“合谶乖说，训义非所取”，还说“寻臣所执，必据经史，远考唐典，近征汉籍，谶记碎言，不敢依述，窃谓循经之论也”。[19]这也表明了他对待古代经典的正确态度。

但是，戴法兴关于上元积年的评议也有正确的方面。戴法兴认为古《颛顼历》以乙卯为元，杨伟《景初历》以壬辰为元，何承天《元嘉历》以庚辰为元，等等，也都无何不可；而《景初历》没有把近点月和交点月考虑在内，《元嘉历》对五星各设后元等等也均为可行。戴法兴能较正确地理解到这样做是为了“省功于实用，不虚推以为烦也”。但是祖冲之和后代的大部分天文学家却都没能接受这种“省功于实用”的好方法，直到元代《授时历》（1281）以后，这种“虚推以为烦”的上元积年算法才被彻底废弃[20]。

在现传的诸家历法中，祖冲之的《大明历》还首次给出了交点月的日数——27.212 230 35（717 777/26 377）日，比现在的理论值27.212 215 21日仅差0.000 015 14日，每月误差为1.308秒。《大明历》所给出的五星周期：

木：398.903 091 8日

（15 753 082/39 491）

火：780.030 791 8日

（30 804 196/39 491）

土：378.069 788日

（14 930 354/39 491）

金：583.930 870 3日

（23 060 014/39 491）

水：115.879 668 7日

（4 576 204/39 491）

也都是比较好的。

祖冲之在编制《大明历》的过程中，还创造了能够较为准确地算定冬至时刻的方法：“据大明五年十月十日，影一丈七寸七分半，十一月二十五日一丈八寸一分太，二十六日一丈七寸五分强，折取其中，则中天冬至，应在十一月三日。求其早晚：令后二日影相减，则一日差率也，倍之为法。前二日减，以百刻乘之为实。以法除实，得冬至加时在夜半后三十一刻。”[21]如图1所示，祖冲之的算法可做如下解释：

设A日（10月10日）日影长为a，

B日（11月25日）日影长为b，

C日（11月26日）日影长为c，

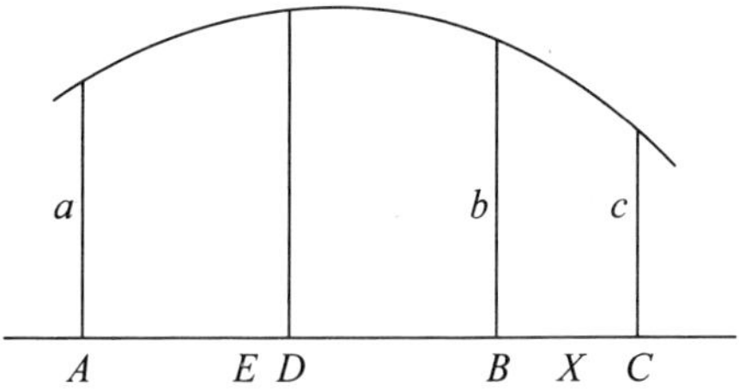

图1

AB的中点（11月3日）为D。在时间轴上可设想一点X，使X点上日影长度与a相等。设AX的中点为E，则求出DE即可求出确切的冬至时刻。

根据图设显然可知$AD+DE=EB+BX$，而$AD=DE+EB$，所以第一式可简化为$2DE=BX$，即$DE=\frac{1}{2}BX$。又，BC为1日之长，可化为100刻，而BX可由下列比例式给出，即$(b-c):(b-a)=100:BX$，亦即$BX=\frac{(b-a)\cdot 100}{(b-c)}$，从而

得出DE的公式，即$DE=\frac{(b-a)\cdot 100}{2(b-c)}$。根据祖冲之实测数据：$a=10.775$，$b=10.8175$，$c=10.7508$，可算得$DE=31$刻，即算出大明五年（461）冬至时刻在十一月三日夜半后31刻。

关于冬至点的测算，是祖冲之在天文历法研究方面的一项重要成就。直到宋代杨忠辅《统天历》才提出了更为精确的方法。当然祖冲之的上述测算方法是在假定冬至前后若干天之内太阳的影长变化是对称的，以及一天之内的变化都是均匀的前提下进行的。

三

祖冲之在数学方面的成就，如前

已述，首先应该提到的乃是关于圆周率的计算。

在中国古代，和任何文明开化较早的国家和地区一样，被人们使用的第一个圆周率是3。这一误差很大的数值一直被长期沿用至汉代。入汉以后，圆周率的计算吸引了许多科学家的注意，如刘歆、张衡、刘徽、王蕃、皮延宗等人都做了不少工作。在这许多科学家之中，刘徽的工作最为重要。这位3世纪的数学家，以他自己卓越的贡献，为中国古代数学增加了许多光彩。他在圆周率计算方面所采用的方法，事实上是开辟了一个新的方向，假如把他称作祖冲之数学研究上的先行者，那他确实是当之无愧的。

刘徽在计算圆面积的过程中，实际上也就计算了圆周率，他从正6边形开始，依次将边数加倍，分别求出正12，24，48，……边形的边长，从而算得正24，48，96，192边形的面积。边数增加愈多，正多边形面积和圆面积之差就愈小，求得的圆周率也就更加准确，算得的圆面积也更加准确。刘徽用这种方法求得圆周率$\frac{157}{50}$（相当于3.14），也有人认为他还算得了$\frac{3\,927}{1\,250}$（相当于3.1416）。

关于祖冲之圆周率方面工作的史料记载，仅见于《隋书·律历志》，但其中的记载过于简略。《隋书·律历志》中的原文如下：“古之九数，圆周率三，圆径率一，其术疏舛，自刘歆、张衡、刘徽、王蕃、皮延宗之徒各设新率，未臻折中。宋末，南徐州从事史祖冲之更开密法，以圆径一亿为一丈，圆周盈数三丈一尺四寸一分五厘九毫二秒七忽，朒数三丈一尺四寸一分五厘九毫二秒六忽，正数在盈朒二数之间。密率：圆径一百一十三，圆周三百五十五。约率：圆径七，周二十二。”通过这段文字我们可以了解到：

（1）祖冲之是在刘歆、张衡、刘徽等汉代以来的各位大师工作的基础上“更开密法”的。

（2）他以一亿为一丈，即由10^8——9位数字开始计算。

（3）他算得圆周率的过剩和不足近似值是8位有效数字，而圆周率的真

值在盈数和朒数之间，即

$$3.141\,592\,6<\pi<3.141\,592\,7$$

这一数值相当于精确到小数点后7位数字。

（4）还给出了两个近似分数值：

密率：$\pi=\frac{355}{113}$（≐3.141 592 92，小数点后6位精确）

约率：$\pi=\frac{22}{7}$（≐3.142 857 14，小数点后2位精确）

关于祖冲之是如何算得如此精确的圆周率，关于他所用的方法，在上述《隋书·律历志》一段材料中则只字未提。此外再也找不到任何流传至今的其他史料。这是非常遗憾的。不过根据各方面情况来推断，除刘徽的方法之外，在中国古代数学史料中，还找不到其他任何方法可计算精确到小数点后7位数字的圆周率[22]。实际上，假如按刘徽的方法继续算到正12 288边形和正24 576边形（如祖冲之那样，取一亿为一丈，由9位数字算起）即可得出：

正12 288边形面积

$S_{12288}=3.141\ 592\ 51$方丈

正24 576边形面积

$S_{24576}=3.141\ 592\ 61$方丈

根据刘徽不等式[23]可有

$$S_{24576}<S<S_{24576}+(S_{24576}-S_{12288})$$

即可得出

$$3.141\ 592\ 61<\pi<3.141\ 592\ 71$$

这与《隋书·律历志》中给出的结论是相同的。

以一亿为一丈，从正6边形起算，

直至正24 576（$= 6 \times 2^{12}$）边形，需要把同一个计算程序反复进行12次，每个程序中，又包括了加减乘除以及开方等10余个步骤。因此，祖冲之为求得自己的结果，就要从9位数字算起，反复进行各种运算130次以上（其中既包括开方，又会出现远远大于9位的数字）。就是在今天，人们用纸笔来进行这样的计算，也绝不是一件轻松的事，更何况中国古代的计算又都是用罗列算筹来进行的。可以想象，这在当时是需要何等的精心和超人的毅力。

由于在中国古代计算中有长期运用分数的习惯，祖冲之也给出了上述的约率（$\frac{22}{7}$）和密率（$\frac{355}{113}$）。

一个无理数可以用连分数的形式来

表示，例如圆周率π即可表示成连分数：

$$\pi = 3 + \cfrac{1}{7 + \cfrac{1}{15 + \cfrac{1}{1 + \cfrac{1}{292 + \cfrac{1}{1 + \ddots}}}}}$$

或记为$\pi = 3 + \frac{1}{7+}\frac{1}{15+}\frac{1}{1+}\frac{1}{292+}\cdots$，亦可记为$\pi = [3, 7, 15, 1, 292, \cdots]$，据此即可得出一串最佳渐近分数值：$\frac{3}{1}$，$\frac{22}{7}$，$\frac{333}{106}$，$\frac{355}{113}$，$\frac{103\ 993}{33\ 102}$，…[24]。这些分数值的精确程度可达：

$$\frac{3}{1} = 3$$

$$\frac{22}{7} = 3.142\ 857\ 142$$

$$\frac{333}{106} = 3.141\ 509\ 433$$

$$\frac{355}{113} = 3.141\ 592\ 92$$

$$\frac{103\ 993}{33\ 102} = 3.141\ 592\ 653$$

但在$\frac{103\,993}{33\,102}$之前，$\frac{355}{113}$之后，第一个出现而其精确程度又超过$\frac{355}{113}$的最佳分数值却是$\frac{52\,163}{16\,604}$（=3.141 592 387）[25]。有人主张$\frac{355}{113}$这一最佳分数值是由连分数得来[26]。但到目前为止，还没有发现任何较为有力的证据说明中国古代已有连分数的概念。

在中国古代的天文历法计算中，曾有一种逐渐调整分子和分母数值以求得接近真值的方法，叫作调日法。宋代学者认为调日法始自南北朝时期稍早于祖冲之的何承天。调日法的基本内容是：假如$\frac{a}{b}$，$\frac{c}{d}$分别为不足和过剩近似分数，则适当地选取m和n，新得出的分数$\frac{ma+nc}{mb-nd}$有可能更加接近真值。例如由$\frac{157}{50}$（刘徽的圆周率）和$\frac{22}{7}$（祖冲之的约率），取$m=1$，$n=9$，即可算得$\frac{157+22\times9}{50+7\times9}=\frac{355}{113}$[27]。又如从$\frac{3}{1}$（古率）和$\frac{22}{7}$出发，亦可得出$\frac{3+22\times16}{1+7\times16}=\frac{355}{113}$。但是学术界关于调日法是否始自何承天，祖冲之是否真的应用了调日法，还存在不少争论。

总之，祖冲之的密率（$\frac{355}{113}$）是如何算得的，至今仍是一个谜。

在西方，直到1573年德国数学家奥脱（V.Otto，1550—1605）方才算得$\frac{355}{113}$这一数值。而在一般西方数学史著作中却常常误认为这一数值是荷兰工程师安托尼兹（A.Anthonisz，1527—1607）首先得出的，因而称它为安托尼兹率。实际上早在安托尼兹之前千余年，祖冲之就已算出了这一数值，因

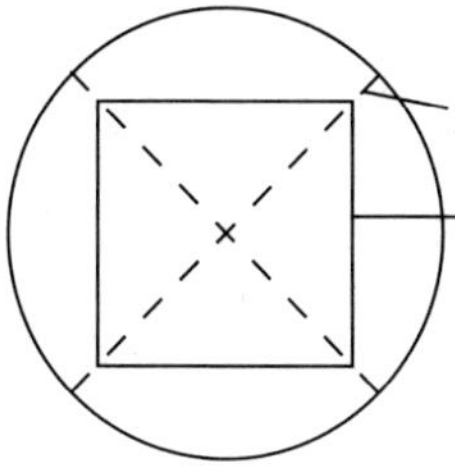

图2

此日本数学史家三上义夫主张将$\frac{355}{113}$这一数值称为“祖率”[28]。按《隋书·律历志》的记载，祖冲之曾以密率来校算刘歆为王莽所造的量器——“律嘉量斛”[29]。约率$\frac{22}{7}$虽仅精确至3位有效数字，但使用起来也是很方便的。

除了圆周率的计算之外，关于球体积的计算乃是祖冲之的又一项重要成就。祖冲之在驳正戴法兴的《驳议》中说：“至若立圆旧误，张衡述而弗改，……此则算氏之剧疵也。……臣昔以暇日，撰正众谬……”[30]，可见祖冲之曾经计算过球的体积并得出结果。然而7世纪唐代李淳风等注《九章算术》在叙述球体积的计算方法时，却把它记作“祖暅之开立圆术”详加引述[31]。因此也可以把这一工作看成是祖氏父子共同的成果。在中国古代数学著作，如《九章算术》中，是按外切圆柱体与球体积之比等于正方形与其内切圆之比来进行计算的。首先指出这一错误的仍然是刘徽。刘徽正确地指出了“牟合方盖”（垂直相交二圆柱体的共同部分）与球体积之比方才等于正方形与其内切圆之比。可惜，刘徽却没能算出牟合方盖的体积。刘徽说“欲陋形措意，惧失正理。敢不阙疑，以俟能言者”。牟合方盖体积的计算问题被祖冲之父子天才地解决了。祖氏父子的计算方法可简述如下：

首先，取一立方体令其高等于球的半径r。以左后下角为心，以r为半径，分纵横二次截立方为圆柱体［如图3（1）］。这样立方体即被分割成4部分：二圆柱体的共同部分（即牟合方盖的$\frac{1}{8}$）。祖氏父子称之为“内棋”，［如图3（2）］以及其余的3部分［“外三棋”，如图3（3）、（4）、（5）］。

其次，为计算出“内棋”体积，他们先计算出“外三棋”的体积。方法是：把内外棋再合拢成一立方，在高为h处作一横截面［如图3（6）］，设外

三棋的截面积为S，则

$$S=r^2-(r^2-h^2)=h^2$$

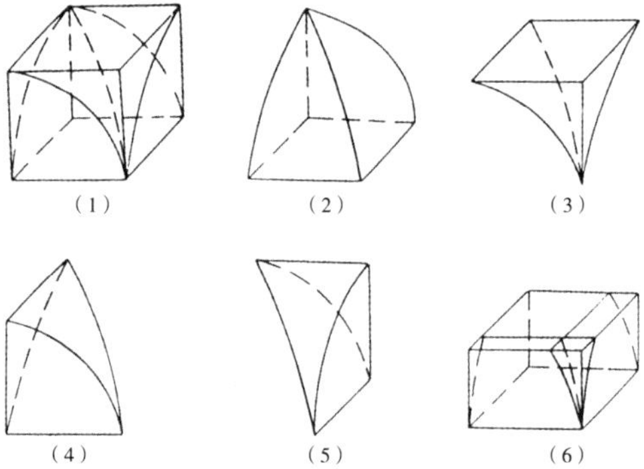

图3

再取一个高与底方每边均为r的方锥，倒立过来，很容易算出这倒立方锥在h处的横截面积也是h^2。祖氏父子认为“叠棋成立积，缘幂势既同则积不容异”，即在等高处的两个截面积常相等，则这两个立体的体积必相等。于是算得“外三棋”体积之和等于一个方锥的体积，因方锥等于$\frac{1}{3}$立方，从而算得“牟合方盖”等于$\frac{2}{3}$立方。再根据刘徽已得到的结果，即球体积：牟合方盖体积=圆面积：方面积，即求得体积的正确公式：

$$球体积=\frac{\pi r^2}{(2r)^2}\cdot\frac{2}{3}(2r)^3=\frac{4}{3}\pi r^3$$

在计算“外三棋”体积时，祖氏父子使用的“幂势既同则积不容异”这一原理，和意大利17世纪数学家卡瓦列里（B.Cavalieri，1598—1647）所引用的，在西方数学史著作中通常称之为卡瓦列里原理是完全相同的，理应将其改称为“祖氏原理”[32]。

在谈到祖冲之在数学方面的成就时，我们不能不提到他的那部久已失传的数学著作《缀术》。

《缀术》出自像祖冲之这样杰出人物之手，其内容一定是相当精彩的。可惜它久已失传，我们仅能从历代的有关文献和历代数学家的论评中，约略地看到一些线索。

《隋书·律历志》在记述了祖冲之在圆周率方面的成就之后说："……（祖冲之）又设开差幂、开差立，兼以正员（按："员"应改为"负"[33]）参之，指要精密，算氏之最者也。所著之书称为《缀术》，学官莫能究其深奥，是故废而不理。"唐王孝通在其所著《辑古算经》的"自序"中说"祖暅之《缀术》（在古代资料中，有时也将《缀术》的作者题为祖冲之的儿子祖暅），时人称之精妙，曾不觉方邑进行之术，全错不通，刍甍、方亭之问，于理未尽”。“方邑进行”问题，《九章算术》中早已有之，“全错不通”的评论似有过分之处，或许王孝通本人也“莫能究其深奥”吧。“方邑进行”问题，有时需要求解一般二次方程，而刍甍、方亭的计算有时要涉及三次方程解法，“开差幂、开差立”又兼以正负参之，很可能就是求解一般二次、三次方程（系数可以为负）的问题，假如这种推断是正确的，那么可以说祖冲之在这里写下的结果，已经远远超过了他所生活的时代，而成为10—13世纪中国数学家高次方程普遍解法的先声[34]。

唐显庆元年（656）国子监添设

算学馆，规定《缀术》是必读书籍之一，限学4年，是学习时间最长的一种[35]。《缀术》还曾传至朝鲜和日本。在这两个国家所颁有关教育制度法令等资料中，都曾提到《缀术》。例如在朝鲜“国学属礼部，神文王二年（682）置，……或差算学博士若助教一人，以《缀经》《三开》《九章》《六章》教授之”。[36]高丽王朝（918—1392）文宗时代（1047—1083）曾在国子监中设算学科并开明算科取士，考试科目中可见到“九章、缀术、三开、谢家”等书名[37]。日本元正天皇养老二年（718）仿效唐朝制度颁布了日本的学制——“养老令”。淳和天皇天长十年（833）清原夏野撰《全义解》

中有“凡算经《孙子》《五曹》……《缀术》……各为一经，学生分经学习”[38]，宇多天皇宽平年间（884—897）藤原佐世奉敕撰《日本国见在书目》。据后来的抄略本记载，其中在“历数家”名目下收入的书名中，与祖冲之有关的有“《九章》（九卷，祖中注）、《九章术义》（九卷，祖中注）、《海岛》（二卷，祖中注）、《缀术》（六卷）”等[39]，醍醐天皇延长五年（927）编辑完成的《延喜式》中在“大学寮”□条下列出的学习书目中也有《缀术》[40]。可见，自7—11世纪，《缀术》曾在朝鲜、日本流传。可惜后来也都失传了。在中国，宋代以后虽也有不少资料曾论及《缀术》，但都不大可靠。

直到现在，对《缀术》内容的讨论，仍然是国内外许多学者很感兴趣的问题。

除《缀术》外，祖冲之还曾著有《九章术义注》9卷、《重差注》1卷，现在也都失传了。

四

除天文历法和数学之外，祖冲之还制造过各种奇巧的机械，同时，精通音乐，还对古代的各种经典也多有所涉猎。他真可以称得起是一位博学多能、多才多艺的科学家。

祖冲之还曾制造过指南车并获得

成功。在中国古代，指南车的名称由来已久，但其构造如何却未得流传。三国时代的马钧曾造过指南车，至晋再次亡佚。东晋安帝义熙十三年（417）刘裕进攻长安，得姚秦“彝器、浑仪、土圭之属”[41]，其中也有指南车，但“此车……机数不精，虽曰指南，多不审正，回曲步骤，犹须人功正之”[42]，另一说是此车“有外形而无机巧，每行使人于内转之”[43]。刘宋昇明年间（477—479）萧道成辅政，“使冲之追修古法。冲之改造铜机，圆转不穷而司方如一，马钧以来未有也”。[44]当时有一位来自北方的索驭驎，也自称能造指南车。萧道成“使与冲之各造，使于乐游苑对共校试”而索氏所造“颇有差僻，乃毁焚之”[45]。

祖冲之还“以诸葛亮有木牛流马，乃造一器，不因风水，施机自运，不劳人力”，但这是一种何样的器具，因缺乏具体的资料，使人很难想象。祖冲之“又造千里船，于新亭江试之，日行百余里”，这显然是一种快船；“又于乐游苑内造水碓磨，武帝（萧赜，483—493年在位），亲自临视”。祖冲之还造过“欹器”。这种器具盛水后“中则正，满则覆”，古人常置于左右，用以自警。“晋时杜预有巧思，造欹器，三改不成”，南齐永明年间（483—493）竟陵王萧子良“好古，冲之造欹器献之”[46]。

关于音律，史料记载说“冲之解

钟律博塞当时独绝，莫能对者”[47]。

祖冲之还有政论性著作，史料记载：“冲之造《安边论》，欲开屯田、广农殖。”南齐建武年间（494—497）明帝（萧鸾）欲使“冲之巡行四方，兴造大业，可以利百姓者”[48]，但因连年战争，未能实现。这时祖冲之已是风烛残年不久人世了。

关于古代经典，祖冲之有《易义》《老子义》《庄子义》等。这些书虽均已失传，但从书名似可看出《易经》和老庄哲学对他的影响。他还注释过《论语》和《孝经》。在文学方面他写有《述异记》，此书虽已佚去，但在《太平御览》等书中曾保存有一些片段。

《隋书·经籍志（四）》的注文

中列有《长水校尉祖冲之集》51卷，但记明此书在唐初即已亡佚，这有可能是他全部或部分工作的汇集。

祖冲之其所以出现在5世纪的南朝，决非偶然。自东晋南迁以来，江南地区的经济得以迅速发展。水利和农业技术得到了改良，牛耕在南方普及，人口显著增加，纺织、冶炼、陶瓷、造船等手工业也有明显的发展，并且出现了一些繁荣的城市。建康（今南京市）就是其中最突出的一个，经济的发展带动社会文化的发展，从东晋到南北朝期间就出现了不少科学家，而祖冲之就是其中最杰出的一个。

祖冲之，字文远，祖籍范阳郡遒县（今河北省涞水县）[49]，但他自己是生长在建康的。祖冲之的曾祖父祖台之在东晋时曾官至侍中、光禄大夫[50]，祖父祖昌、父亲祖朔之都曾在南朝做官，祖父是管理土木工程的官员——大匠卿，父亲曾任奉朝请。祖冲之本人，从刘宋时起，开始做品位不高的小官，曾历任南徐州（今镇江市）从事史、公府参军，还曾做过娄县县令（娄县在今江苏昆山县东北）、谒者仆射等官职。到了齐王朝，祖冲之曾官至长水校尉。这是他生平得到的最高官阶（四品）。[51]

值得人们注意的是，自从上《大明历》未被采用受挫之后，在他的工作中，像在上《大明历》前后所表现出的那种气魄便不多见了。他好像是生活在营养不足的土壤里，这样的土壤，不可能使人们获得持续的丰收。历史产生了这样的天才，却又扼杀了这样的天才，这不正是在漫长的封建社会中多少英雄人物的共同命运吗！

祖冲之，这位天才的科学家，尽管在生时备受压抑，但死后确实是永垂不朽。他以自己的辉煌成就，为祖国的科学史册增添了光彩。

在月球背面许多以各国科学家命名的环形山和圆谷中，有一个是以祖冲之命名的。祖冲之的名字，和世界许多科学家的名字一道，如皓月经天，永放光芒；而他那勤勉好学、致密严谨的治学态度，勇于创新，敢于同腐朽势力进行顽强斗争的精神，将永远是我们学习的榜样。

注释：

①本书作者曾经多次写作过“祖冲之”，其中《祖冲之》（载《中国古代科学家》，科学出版社，1959，第61—72页）经节选，被采用为初中语文教材使用至今。

此篇曾载于金秋鹏主编《中国科学技术史·人物卷》，科学出版社，1998，第164—176页。

②关于戴法兴可参见《南史·恩倖传·戴法兴》。

③祖暅之，又名祖暅。

④见祖冲之《上大明历表》，载《宋书·律历志（下）》；亦载于《南齐书·祖冲之传》。

⑤《汉书·律历志》：“至于元

封七年……中冬十一月甲子朔旦冬至，日月在建星”，李奇注“古以建星为宿，今以牵牛为宿”，孟康注“建星在牵牛间”；《后汉书·律历志（中）》“贾逵论历”中有“太初历冬至日在牵牛初者，牵牛中星也……太初历斗二十六度三百八十五分，牵牛八度”。祖冲之《上大明历表》中有“汉武改立太初历，冬至日在牛初”。

⑥见《后汉书·律历志（中）》“贾逵论历”及《后汉书·律历志（下）》。

⑦见《新唐书·历志·三（上）》《大衍历议》第七“日度议”。

⑧见《畴人传·虞喜》传后“论曰”。

⑨见祖冲之《上大明历表》。

⑩见《宋书·律历志（中）》。

⑪据《宋书·律历志（下）》当戴法兴提出“冲之……虚加度分，空撤天路。……四十五年九月，率移一度”时，祖冲之反驳说：“……年数之余有十一月，而议云九月，涉数每乖，皆此类也。”可见，祖冲之的赤经岁差数据当为45年11个月退行1度。

⑫45年11个月的累计岁差为 $\frac{860}{39\,491}\times 45\frac{11}{12}=\frac{39\,488.3}{39\,491}\doteq 1$。

⑬《宋书·传·氐胡》中有：“河西人赵歐善历算。（元嘉）十四年（437）茂虔奉表献方物，并献……《赵歐传》并《甲寅元历》一卷……。”

⑭以朔望月为29.530 588 67日，

回归年长度为365.242 198 78日（此为1900年理论值），则每年月数当为12.368 266 78月，从本书14页表中可以看出祖冲之《大明历》所用闰周数据，在各家历法中是最好的。

⑮有人认为隋代张胄玄《大业历》给出了365.242 034 70日的数据，优于祖冲之。经核实，《大业历》给出的回归年日数为365 $\frac{10\,363}{42\,640}$ = 365.243 034 709日，并不比祖冲之给出的数值好。

⑯这3种历法的朔望月日数分别是：《明天历》29.530 589 743日，《奉元历》29.530 590 717日，《纪元历》29.530 589 849日。

⑰见祖冲之《上大明历表》。

⑱见祖冲之所编《大明历》，载

《宋书·律历志（下）》。

⑲以上戴法兴的评议以及祖冲之的驳议均见《宋书·律历志（下）》。

⑳薄树人等，《中国天文学史》，科学出版社，1981，第108—109页。

㉑见祖冲之《驳议》，载《宋书·律历志（下）》。

㉒清代梅文鼎所著《平三角举要·补遗·正弦为八线之主》中说："刘徽、祖冲之以割六弧起数"，奉康熙帝之命而编著的《数理精蕴》卷十五"割圆"中也主张祖冲之继续应用了割圆术。清代阮元、李锐等编《畴人传》，在"刘徽"条后"论曰"中说："厥后祖冲之更开密法，仍割之又割耳，未能于徽法之外别有新法也。"后

来的大多数数学史家均依此说。

㉓设圆面积为S，圆内正m边形面积为S_m，则刘徽不等式如下：$S_{2m}<S<S_{2m}+(S_{2m}-S_m)$。

㉔一个无理数a展成连分数之后，由于截取的不同，可依次得到一串近似分数值。这串分数值中的任何一个$\frac{P}{Q}$，都满足在所有分母不大于Q的分数中$\frac{P}{Q}$最接近a这一条件，因此可以把这一串$\frac{P}{Q}$称为最佳渐近分数。

㉕分数$\frac{P}{Q}$在分母不大于Q的所有分数中最接近无理数a时，$\frac{P}{Q}$便是a的一个最佳分数值。根据这一定义，则由连分数算得每一个分数都可称之为最佳分数值。但最佳分数并不都是由连分数得出的，例如$\frac{52\,163}{16\,604}$就不是根据连分数算

出的分数值，但它确实也是一个合乎上述定义的最佳分数。据此可以说：在分母小于16 604的一切分数中，$\frac{355}{113}$与π的真值最为接近。

㉖华罗庚，《旧珍宝·新光芒》，《北京教师月报》1951年第2期。

㉗见钱宝琮主编《中国数学史》，科学出版社，1964，第87—88页。钱宝琮主张这一来自调日法的学说。

㉘见林科棠译三上义夫著《中国算学之特色》，商务印书馆，1929，第37页。

㉙《隋书·律历志（上）》谈到刘歆为王莽所造铜斛时说：“其斛铭曰：‘律嘉量斛，方尺而圆其外，庣旁九厘五毫，幂百六十二寸，深尺，

积一千六百二十寸，容十斗。’祖冲之以圆率考之，此斛当径一尺四寸三分六厘一毫九秒二忽，庣旁一分九毫有奇。刘歆庣旁少一厘四毫有奇，歆术不精之所致也。”如图2，已知圆面积为162寸，以$\pi=\frac{355}{113}$计算，圆的直径应为$R=2r=2\cdot\sqrt{162\times\frac{113}{355}}=$1尺4寸3分6厘1毫9秒2忽（强），而庣旁$=\frac{1}{2}(R-\sqrt{10^2+10^2})=$1分0厘9毫（强）。因此可以认为祖冲之是用密率$\frac{355}{113}$来校算的。

㉚《宋书·律历志（下）》。

㉛《九章算术·少广》第24题，见钱宝琮校点《算经十书》上册，中华书局，1963，第155—158页。

㉜见杜石然《祖暅公理》，载《数

学通报》1954年3月号。

㉝钱宝琮首倡“员”应改为“负”之说。见其主编《中国数学史》，科学出版社，1964，第89—90页。

㉞10—13世纪最早对高次方程数值解法进行研究的是宋代楚衍，《宋史·楚衍传》中有“楚衍……于《九章》《缉古》《缀术》《海岛》诸算经尤得其妙……天圣（1023—1031）初造新历……”，可见在11世纪初叶《缀术》尚未失传。

㉟《唐六典》卷二十一。

㊱见朝鲜《三国史记》卷三十八“职官（上）”。又见金容局、金容云《韩国数学史》，日本桢书店，1978，第82页。

㊲见朝鲜《高丽史·选举（一）·科目（一）》，又见金容局、金容云《韩国数学史》，日本桢书店，1978，第133页，又见朝鲜《增补文献备考》卷188“选举考”中谈及高丽“仁宗十四年（1136）凡明算贴经：初日贴《九章》十条，翌日贴《缀术》四条，……”，可见当时《缀术》在朝鲜尚有流传。

㊳见日本学士院编《明治前数学史》卷1，第4页。

㊴同上，卷1，第148页。

㊵同上，卷1，第150—151页。

㊶见《宋书·武帝本纪》。

㊷见《宋书·礼志（五）》。

㊸见《南齐书·祖冲之传》。《南

史·祖冲之传》中则谓“有外形而无机杼，每行使人于内转之”。

㊹见《南齐书·祖冲之传》及《南史·祖冲之传》。

㊺同上。

㊻同上。

㊼同上。

㊽同上。

㊾此依《南史·祖冲之传》，《南齐书·祖冲之传》作“范阳蓟人”。

㊿《晋书·列传》中有“祖台之传”，说“祖台之，字元辰，范阳人也。官至侍中、光禄大夫。撰《志怪》，书行于世”。祖冲之所撰《述异记》或与祖台之《志怪》不无关系。另《隋书·经籍志（四）》中记有“晋光

禄大夫《祖台之集》十六卷”。

㉛《宋书·百官志（下）》中有“屯骑校尉、步兵校尉、越骑校尉、五校尉并汉武帝置……长水掌长水宣曲胡骑”，还有“五营校尉，秩二千石”，“二卫至五校尉”被列为“第四品”。

祖暅之原理①

我国古代的祖暅之原理，也就是现代一般人所说的卡瓦列里原理，是指下述原理而言的，即界于二平行平面之间的两个立体，被任一平行于二平面之平面所截，若其二截面面积常相等，则二立体体积亦必等。当我们承认了连续原理，并且有了某些积分学的知识之后，这原理也可被证为是一个定理。这原理，或是说这定理在考虑立体体积时常常会用到，特别是在考虑未知的，比较复杂与不规则的立体体积时，由这原理，就可以用已知的比较规则的在等高处截面面积相等的另一立体去代替。

卡瓦列里是17世纪上半纪意大利的数学家，他的生卒年是1598—1647年[②]。

现在我们的问题是：这一原理是否是首先被卡瓦列里提出来的呢？不，不是的。我国古代数学家祖暅之（齐、梁时代人）在他的关于球体体积的求法中就用到过这一原理。这事实载于唐代李淳风等注释的《九章算术》的注文中，在这注中，这一原理就被用文字记载下来，并因而流传下来了。

本文的主要目的就是在于要说

明：不是卡瓦列里，而是祖暅之首先用到这一原理的事实。

为了述说上的方便，我们首先引用李淳风等注文中有关解说祖暅之球体体积求法的部分，其次再在解释这段引文中说明祖暅之怎样用到了这一原理，以及这一原理按李淳风等的提法是怎样的。

关于祖暅之的球体体积求法，李注原文有关部分如下："取立方棋一枚，令立枢于左后之下隅；从规，去其右上之廉，又合而横规之，去其前上之廉，右前之廉（这4字是多余的）。于是立方之棋分而为四：规内棋一，谓之内棋；规外棋三，谓之外棋，更合四棋复横断之，以勾股言之，令余高为勾，内棋断上方为股，本方之数其弦也，勾股之法，以勾幂减弦幂则余为股幂，若令余高自乘减本方之幂，余即内棋之断上方之幂也（古算常以减数在前，被减数在后）。本方之幂即内外四棋之断上幂。（传本少一“内”字，今补足）然则余高自乘即外三棋之断上幂矣，不问高卑势皆然也，然固有所归同而涂殊者尔。而乃控远以演类，借况以析微，按阳马方高数参等者倒（传本讹作列，今从李潢校正）而立之，横截去上，则高自乘与断上幂数亦等焉，夫叠棋成立积，缘幂势既同则积不容异，由此观之，规之外三棋旁蹙为一，即一阳马也，三分立方则阳马居一，内棋居二可知矣，合八小方成一大方，合八内棋

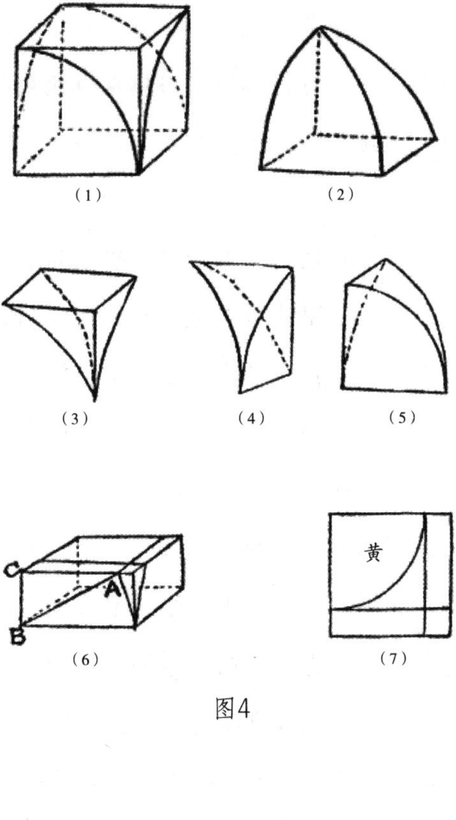

图4

成一‘合盖’。内棋居小方三分之二，则‘合盖’居立方亦三分之二，较然验矣，置三分之二，以圆率三乘之，如方率四而一，约而定之，以为丸（球）率。”（见清代孔继涵刻“算经十书”本《九章算术》卷4，第17、18两页，文中标点及括号内文字系作者所加。）

上述注文可做如下解释：

首先，取一立方体（立方棋），令其高等于球体半径 r。以立方体之左后下角为心，以r为底圆半径，从纵横两面，分两次各截立方体为圆柱体，这样，立方体被分为4部分，即内棋一［如图4（2）］，外棋三［如图4（3）、（4）、（5）］。其次，合4部分再成立方，以距底高h且平行于底之平面截立方体为两部分，其下半部如图4（6），而下半部的上方截面则如图4（7）。在图4（6）中，若设内棋上方直截面面积［即图4（7）中之黄方面积］为a^2，在直角三角形ABC内，r为弦，h为勾，按勾股定理则有：$a^2=r^2-h^2$，然全体上方直截面面积为r^2，故若设外三棋上方直截面面积为S，则：

$$S=r^2-(r^2-h^2)=h^2$$

此即注文中所说的“余高自乘（h^2）即外三棋之断上幂”。同时这$S=h^2$的事实是不问截面的高低的，即“不问高卑势皆然也”。

最后，我们再取一高与底方每边皆为r的方锥，“倒而立之，横截去上”与上述的外三棋来比较它们在等高处的截面。我们知道：在高h处，方锥的直截面面积亦为h^2（因外三棊是尖端在下，故上述为锥亦按尖端在下讨论）。

李淳风等在注文中解释了方锥和外三棊在高h处的截面均为h^2之后说：“夫叠棊成立积，缘幂势既同则积不容异”，其中“幂”就是截面面积，“势”就是高。这就是说：等高处的截面面积既然恒相等，则二立体之体积不容不等，从而外三棊的体积等于方锥的体积，即等于立方体的$\frac{1}{3}$，因而内棊体积当为立方的$\frac{2}{3}$。

可以看出这种“幂势既同则积不容异”的提法和卡瓦列里原理的提法基本上是一致的。

继而合八立方成一大立方体，合

八内棋［如图4（2）］成一种叫“合盖”的立体，内棋是小立方的$\frac{2}{3}$，则“合盖”亦必为大立方的$\frac{2}{3}$，若设球体直径为D，则大立方体积为D^3，“合盖”体积为$\frac{2}{3}D^3$。

再以等高的平面截球与“合盖”参见图4（7）中黄方与四分圆可知：若设“合盖”的截面为$4r^2$，球的截面当为πr^2，亦即“合盖”与球体体积之比为$4:\pi$。故以圆周率乘“合盖”体积，再以4除之即得球之体积，如设球体积为V，则

$$V=\frac{\pi}{4}\cdot\frac{2}{3}D^3=\frac{\pi}{6}D^3\ (=\frac{4}{3}\pi r^3)$$

我们知道这公式是正确的。祖暅之在证明球体积公式时用$n=3$，$V=12D^3$。在实际应用时，用$\pi=\frac{22}{7}$，$V=\frac{11}{21}D^3$。

从这里，我们也可以看出祖暅之运用了直截面的方法，异常巧妙地解决了球的体积问题。

现在，我们的问题就解决了，就是说：在我国，远在卡瓦列里之前，祖暅之就已经提出过也运用过相当于卡瓦列里原理的方法了。

祖暅之是祖冲之的儿子，他们父子关于圆周率的讨论是很有名的，关于这方面的成就也是很伟大的。祖冲之的生卒年是公元429—500年，而祖暅之的生卒年代则没有记载，据已有的材料和参照祖冲之的生卒年代，可知他的数学活动年代大致是在5世纪的末叶和6世纪的上半纪，退一步，若以李淳风等注九章的年代即公元656年前后计算之[3]，都要早于卡瓦列里1000年左右。

最后还应提一下的就是：这一“幂势既同则积不容异”的原理并非是后人所能充分了解的。换言之对这一原理的承认上发生过困难和怀疑，并因而祖暅之关于球体积的算法也产生了失传的危险，例如：清戴震“九章算术计讹”中论到李淳风等的注文时说：“借立方棋以论立圆（球）而所言仅及勾股弦与平幂，不足见圆术，当有脱误。”④直到李潢写出了他的《九章算术细草图说》（1811）以后才把传刻本的错误一一校正，意义不明了的地方一一解释清楚，我们才可以了解祖国古代数学的优越性。

1951年3月15日，中国数学会临时

常务干事会为了配合新爱国主义运动给全国数学界的信中曾提出过4项建议，其中的第二项是：“凡数学的定理或方法，为我国人先发现的，都一律改系我国人名；即使不是最先发现而是独立研究出来的，也该将中外发现者姓名并列（载于1951年4月9日《光明日报》）。”那么，既然祖暅之远在卡瓦列里之前就曾用过这一原理，而以李淳风等的注文看来这又是确凿的事实，故卡瓦列里原理或是卡瓦列里定理就都应一律改系祖暅之的姓名，即：祖暅之原理或是祖暅之定理。

注释：

①本文原名《祖暅公理》，最初

刊载于《数学通报》1954年3月号，1959年被收入中国数学会《数学通报》编辑委员会所编《初等数学史》一书，科学技术出版社。

②关于卡瓦列里可参考：日本三上义夫著《东西数学史》第309—510页，或见商务版周元瑞、段育华编《算学辞典》“卡斐理黎”条。

③“册府元二”，869卷“明算”中有“李淳风……与算学博士梁永、太学助教王真儒等注释‘五曹’‘孙子’等10部算经，分20卷，显庆元年，左仆射于志宁等奏之付国学行用”，《九章算术》当亦在其中。按：显庆元年即公元656年。

④清孔继涵刻“算经十书”本《九章算术》卷4，第20页。

出版说明

“新编历史小丛书”承自上世纪60年代吴晗策划的“中国历史小丛书”，其中不少名家名作是已经垂之经典的作品，一些措辞亦有写作伊初的时代特征。为了保持其原有版本风貌，再版过程中不做现代汉语的规范化统一。读者阅读时亦可从中体会到语言变化的规律。

新编历史小丛书编委会

图书在版编目（CIP）数据

祖冲之 / 杜石然著．— 北京：北京人民出版社，2022.5
（新编历史小丛书）
ISBN 978-7-5300-0545-3

Ⅰ. ①祖… Ⅱ. ①杜… Ⅲ. ①祖冲之（429-500）—传记—通俗读物 Ⅳ. ① K826.11-49

中国版本图书馆 CIP 数据核字（2022）第 033292 号

责任编辑　邓雪梅　　责任印制　陈冬梅
责任营销　猫　娘

新编历史小丛书

祖冲之
ZU CHONGZHI
杜石然 著

出　　版　北京出版集团
　　　　　北京人民出版社
地　　址　北京北三环中路 6 号
邮　　编　100120
网　　址　www.bph.com.cn
总 发 行　北京出版集团
印　　刷　北京汇瑞嘉合文化发展有限公司
经　　销　新华书店
开　　本　880 毫米 ×1230 毫米　1/32
印　　张　2.625
字　　数　22 千字
版　　次　2022 年 5 月第 1 版
印　　次　2022 年 5 月第 1 次印刷
书　　号　ISBN 978-7-5300-0545-3
定　　价　18.00 元

如有印装质量问题，由本社负责调换
质量监督电话　010-58572393